새벽에 전화해도 되나요

송세아 시집

『새벽에 전화해도 되나요』

시인의 말   9

1부

밤을 그린 밤	13
틀림없는 일	15
밤 편지	16
몰래 듣는 라디오	17
물웅덩이	18
끝과 끝에서	20
눈은 거짓말을 하지 않지	22
어느 실존주의자들의 대화	24
무책임한 감수성에 대하여	26
SOS	28
까만 점	29
불면의 밤	31
별 달 글 밤	32
여름에 만난 사람	33
흰꽃민들레와 노스텔지어	34
부고	36
오빠 생각	38
보이스 피싱	40
자기만의 방식	42
새벽에 전화해도 되나요	43

2부

편한 목소리 46
목소리 48
장난전화 49
시절낭만 51
봄의 온도를 당신에게 52
수화기 너머 사랑 53
그날의 이야기 54
읽을 수 없는 시 56
엄마의 시간 58
돌아오는 십오 일 60
너와의 거리 61
열 한자리 62
새빨간 거짓말 63
LOVE POEM 64
보고 싶을 때 전화해 66
모스부호 68
뒷모습을 보여주지 않던 사람 69
발신번호표시 제한 금지 71
새벽 통화가 남긴 것 72
안 읽음 표시 74

3부

그의 마음	78
슈퍼 페이지	79
동묘에서	81
오래된 이야기	82
자전거를 타다가	84
초록에게	86
8282 Call me Tell me	87
구간 5초	88
울리지 않는 전화기	89
향수	91
070 납치 사건	93
녹음_109 1004_mp4	95
일곱 시에서 아홉 시 사이	97
좋은 사람 감별법	98
대단한 사람	99
자줏빛 꽃 한 송이	101
전화 에티켓	102
사회생활	103
맞춤형 페이지스	104
문장부호	106
부재중 통화	107
별표를 누르세요	109

시인의 말

새벽녘,
아끼는 이에게 전화를 거는 마음에 대해 생각했습니다.
미처 전하지 못한 마음에 대해 생각했습니다.
시를 쓰는 내내 외로웠고, 애틋했으며, 절박했고,
그리웠습니다.

이 새벽이 어둠으로 끝을 맺지 않아서
그 끝에 당신이 있어서 안심했다고.

그런 이야기를 담고 싶었습니다.

1부

밤을 그린 밤

아닌 밤 중에
꺼내든
하얀 도화지

묽게 물감을 풀어
제멋대로 칠해본다

붉고 푸르고
연연하고 허옇고

팔방팔방 불꽃이
튀어 오르는 사이
거무튀튀해진 종이 위로
때 조각이 일어났다

떼어내기엔 너무
아플 것 같아서
가만가만
다시 붙여보는데

그럴수록 축축하고

얇아지는 종이 때문에
마음이 아린 건
어쩔 수 없는 일

뻐근해진 눈을
몇 번쯤 깜빡이니

남은 건
역시나
하얀 도화지뿐

틀림없는 일

새로운 문으로 들어가는 전화는
소리 없이 문득 걸려왔다

무심코 받은 전화 한 통에
얼어붙기는커녕
이상하리만치 담담하고 덤덤한 건
왜였을까

엎질러질 물은 엎질러지게 되어있어

세상만사 다 안다는 듯
무심코 건넨 그 말은
실은 나에게 해주고 싶었던 말

좋은 일도 나쁜 일도
그렇게 되려고 된 것이라고

한참을 그 말 뒤에 숨어 있으면
기쁨도 슬픔도 시나브로 잦아들었다

밤 편지

전화 걸기
두려워
목소리를 녹음해
보내는 건
찰나보다
추억이 되고 싶은
어떤 이의
욕망에서 비롯된

아이러니

몰래 듣는 라디오

아주 옛날에 새벽마다 라디오를 몰래 듣던 소녀가 있었대 퉁퉁 붓은 눈을 겨우 감고 머리 위로 이불을 뒤집어쓴 밤 소녀는 슬픈 기분이 들 때마다 까맣고 네모난 기계를 한 손에 꼭 쥐었대 귀에 꽂은 고무에서 소리가 들리면 새로운 세상이 열리는 것 같았대 모두가 잠든 새벽 엄마 몰래 집 밖을 나가 푸른 버스를 타고 무작정 달리는 기분이 들었대 빨갛고 파랗고 노오란 네온 불빛이 황황한 어느 동네 포장마차에서 떡볶이를 사 먹는 기분이 들었대 전화번호 네 자리에 얽힌 누군가의 사연을 들으면 꼭 어묵 국물을 나눠 마시는 것 같아서 마음이 뜨끈해졌대 그렇게 한참을 한참을 듣다 보면 축축했던 베갯잇이 바싹 메말라 있었대 그러면 소녀는 잠들 수 있었대 퉁퉁 붓은 눈을 꼭 감은 채 까무룩하게

물웅덩이

새벽 어귀
흐리멍덩한 눈으로
추억 사진 한 장을
술잔에 띄운다

울렁울렁 넘실거리다
못 이겨 번호를 누르면

물웅덩이 속에서 유유히
떠오르는 얼굴들

첨벙첨벙

반가움에
발장구를 친다

나 지금 그 웅덩이에 있어
웅덩이 속을
어지럽게 유영하고 있어

이대로 꼬르륵

웅덩이 속에 빠져버릴지도

몰라

나 사실 물을 무서워해

몰라

첨벙첨벙

반가움에
발장구를 친다

구구절절
마음을 풀어헤치고

그리움에 발장구를 친다

끝과 끝에서

누가 그러더라
너무 많은 것은
아주 없는 것과 같다고

싫어하는 마음을
파헤치고 파헤치면

가장 아래에서 만나는 건
아이러니하게도 사랑하는 마음

너무 사랑해서
아주 밉기도 할 때

그때 나는 너를
사랑한다고 말해야 할까
미워한다고 말해야 할까

너를 향해 많은 답을
쏟아내고 싶었는데
결국 나는
단 하나의 답도

선명하게 꺼내지 못한 채

손가락 사이로 빠져나오는
머리칼을 쓸어
올렸다가 내렸다가
올렸다가 내렸다가

오르락내리락
이곳에서 저곳으로
너를 옮기기만을 수차례

마음이 마음을 자꾸만 먹어서
사그라들 줄 알았는데
그 마음이
또 다른 마음들을 만든다

눈은 거짓말을 하지 않지

눈은 거짓말을 하지 않지

하얀 눈 위에 새겨진
까만 발자국을

따라 걸으면

뽀드득
뽀드득

마음이 느슨해졌던
흔적 앞에 도착하지

그 눈길을 따라서
걷고 또 걸으면

소복하게 쌓아두었던
마음의 끝에 도착하지

눈동자 너머 짙게 드리워진
마음의 소리에

일렁이던 잔열이 녹아버리지
하얀 눈이 까맣게 타버리지

눈은 거짓말을 하지 않지

그래서 눈에 쌓인 마음은
절대로 절대로

거짓말을 할 수가 없지

어느 실존주의자들의 대화

바둑이에게서 걸려 온
전화 한 통

지구 반대편으로
일하러 갔다고
그곳 사람들 모두
잘해준다고

반가운 목소리로
여전히 잘 지낸다고
내 걱정은 말라고

그 한 통의 소식으로
마음이 픽 풀어졌다면

바둑이는 제 할 일을 한 거라고

존재하느냐
존재하지 않느냐
그 선택은 우리의 몫

그보다 더 중요한 걸
알아차린 우리는

바둑이의 안녕을
오래오래 바랄 뿐이다

무책임한 감수성에 대하여

온종일 거품을
물어야 하는 이들이 있다
그렇게 존재를
증명해내는 이들이 있다

살아 있다고
살아 있으니
얼마나 좋은 거냐고
연민 대신 자랑삼기를 여러 번

뽀글뽀글 게거품이
부풀었다 터지는
입 모양의 의미는
아무도 모를 일이다

늦은 밤 창가 너머로
울어대는 검은 이들이 있다
그렇게 자리를
지켜내는 이들이 있다

혼자가 아니라고

곁에 있으니
얼마나 좋은 거냐고
염려 대신 위로 받기를 여러 번

소리 없는 발걸음 위로 울어대는
목소리의 밑바닥은
아무도 모를 일이다

본 대로 느끼기보단
생각한 대로 살아지는 편이
낫다는 생각만

빈손이 되어
온밤 내내 할 뿐이다

SOS

벼랑 끝에 서 있는 사람에게 필요한 건 단 한 발
단 한 발을 디딜 수 있는 작은 공간이야

그 공간만으로도 한 숨 두 숨 세 숨
작은 숨이 모아지지

삶의 끝에 서 있는 사람에게 필요한 건 단 한 통
단 한 통에 기댈 수 있는 작은 마음이야

그 마음만으로도 하루 이틀 나흘
작은 삶이 이어지지

들어주면 들리고
들어주면 가벼워지고

그깟 전화 한 통에 사람이 살아
그깟 전화 한 통이 사람을 살려

*제9회 전국 여성 문학 공모 대전 최우수상 수상작

까만 점

팔등에 붙어 있는
까만 점이 대체 뭘까
궁금했던 적이 있어

아무런 쓸모도 없는
까만 점을
왜 달고 총총 걸을까

어쩌면 어쩌면
무지개다리 건너
사는 세상에서는
그 까만 점이
너와 나를 연결해주는
점이진 않을까

너를 증명해내고
네 목소리를 들을 수 있는
유일한 수단이 아닐까
모자란 상상을 해보곤 해

해주고 싶은 이야기가 많을 테지
나 또한 듣고 싶은 이야기가 많아

혹시 까만 점이 되어
그 세상에 사는 너와
통화하는 날이 오면
그땐 네 이야기를
종일 들어줄게

사는 내내 네가 그래 준 것처럼

불면의 밤

불면의 밤
그는 시를 쓴다고 했다

그의 말에 아끼는 시집
몇 권과 노트를 보냈다

우연한 밤
시를 쓰다 그 생각이 났다

불면의 밤
가만히 일어나 시를 쓰는
그의 낡은 손가락을

그 말이
아니었는데

그 말이
그 말이 아니었는데

날이 밝으면
가물가물한 그의 목소리를
들어야겠다

별 달 글 밤

별을 보고 마음이 먹먹하다면
그리운 이가 있기 때문이겠지

달을 보고 마음이 차오른다면
고마운 이가 있기 때문이겠지

글을 보고 마음에 밑줄을 긋는다면
원하는 바가 있기 때문이겠지

밤에 보고 싶어 전화를 건다면
사랑하는 이가 있기 때문이겠지

여름에 만난 사람

오랜만이라는 인사에
긴 소매로
손끝을 감춘다

미운 구석도
싫은 구석도 아닌데
자꾸 손끝만
매만질 뿐이다

한여름밤의 꿈처럼
사라져버린대도
먼발치서
바라보는 것 말고는

아무것도 할 수 없는 그런
인연이 있다

영원히 기억 속에서만
푸르게 자라나는 그런
사람이 있다

흰꽃민들레와 노스텔지어

언젠가 우리 다시 만나면
말 없는 이야기를 나누자

소금기 없는 평양냉면을
서로 앞에 두고 잘 살아냈다고
잘 살아왔다고
밍밍한 이야기를 나누자

눅진한 일기장을 북 찢어
덜 성근 너와 내가
여기 한 페이지에
몇 문장으로 살아있다고

흐물거리는 티셔츠에
푸른 반바지를 입고
사뿐히 그날을 거닐자

가만히 가만히
말 없는 이야기를 나누자

먼발치로 사라져가는
뒷모습을 아스라이 바라보자

봄과 여름에 피어난
흰꽃민들레 한 줌 손에 들고
아무런 말 없이 흔들거리자

부고

늦은 밤
울리는 익숙한
전화벨 소리에
마음이 덜컥였다

울고 싶은지
화를 참는지
말을 담기 어려운지

아부지는 덜컥
욕지거리를
퍼부었다

하나도
안 아프고
하나도
위험하지 않은
그의 욕지거리에

끝끝내 나는
울어버렸다

늦은 밤
울리는 익숙한
전화벨 소리에

나는 한 발짝
더 어른이
되어있었다

오빠 생각

전화번호 네 자리에
얽혀있는 마음이 있다

미워해도
그럴 수 없고

좋아해도
그렇다하지 못하는

가깝지만
한없이 멀고

멀지만
여전히 가까운 사람

새끼손가락에
처음 끼워준 꽃반지
팥죽색의 지갑
네모 안의 표정들

전화번호 네 자리로

얽혀있던 수많은 밤들을
헤아리니

어린 날의 모습으로
그가 내 뒤에
서 있다

땀에 젖은 그의 어깨 위로
툭툭
토닥토닥
후후

입김을 얹어보았다

보이스 피싱

엄마 그 목소리
절대 나 아니야

불현듯
엄마에게 전화를 걸어
이 말을 전하려다
수화기를 내려놨다

살다가 문득
안기고 싶을까 봐
기대고 싶을까 봐
왈칵 울어버리고 싶을까 봐

종일 걱정되고
뭐든지 못 미덥고
어디서든
내가 아니면
안 될 것 같다며
하여튼 문제라면서
툴툴거렸는데

헷갈리는 건
엄마가 아니었다

아직도 아니
어쩌면 영원히
마음 한구석에
돌아갈 곳을
마련해두고

그 말을 꾹 참는

나

내가 제일 문제였다

자기만의 방식

어미는 그곳에 우두커니 서 있었다 식은 핏덩이를 어쩌지 못해 우두커니 서 있었다 검은 물체로부터 핏덩이를 지켜내기 위해 자기 몸털을 바짝 세우면서 하악질도 마다치 않고 우두커니 서 있었다 물기 어린 초록 눈으로 우두커니 우두커니 서 있었다 검은 물체는 길 위에 차게 식은 핏덩이에 푸른 빛을 귀에 가져다 댔다 그사이 어미는 핏덩이를 하담삭하게 안았다 자기 몸에 바짝 힘을 주고 물기 어린 초록 눈으로 하담삭하게 핏덩이를 안았다 아직은 아니라면서 아직은 안 된다면서 그렇게 그렇게 어미와 핏덩이는 어디론가 사라져버렸다

이제 검은 물체만이 물기 어린 검은 눈을 깜빡이며 우두커니 서 있다
혼자 남았다면서 핏덩이는 여기 없다면서
어미와 검은 물체는 자기만의 방식으로 식은 핏덩이를 애도했다

*제9회 전국 여성 문학 공모 대전 최우수상 수상작

새벽에 전화해도 되나요

새벽에 전화해도 됩니다

이 말이
언제고 전화해도 된다는 말로 들려서
돌아보면 내가 있다는 말로 읽혀서
혼자가 아니라고 그러니 부디
외로워 말라고 말해주는 것만 같아서

마냥 아끼는 사람이 생기면
이 말을 전하고 싶어지더라

까만 밤
잠 못 이루는 밤
어둡고 깊은 밤
견디기 힘든
긴긴밤이 찾아오면

전화하라고

마음 가까이에 내가 있으니

새벽에 전화해도 된다고

2부

편한 목소리

1
누가 그러더라
사람은 '나'라고 발음할 때
가장 편안한 목소리를 낸다고

나
  나
나

2
수화기 너머로 절대
들을 수 없는
목소리에 대해 생각해본 적 있어

3
  나
나
  나

그 편한 목소리가
그곳에
섞여 있을 줄이야
그럴 줄이야

목소리

글에 감정이 실려있다면
목소리에는 표정이 실려있어

장난전화

코바늘 몇 개를 빠트려서
숭숭 구멍 난 마음은
어떻게 메꾸는 거냐고
꼭 너에게 묻고 싶어

번호 누르기를

한참

기다려도 기다려도
끝내 들을 수 없던
네 목소리에

안심한 건 한편 나야

그 전화는 장난이었어
그래서 우린
여기서 멈췄던 거야

그 한 통의 닿지 못한 전화가
장편 소설의 플롯이 되었음을

그때 우린 미처
알지 못했던 거야

그 전화는 장난이었어

그래서
안심한 건 한편 나야

시절낭만

새벽에 불쑥 전화해서

사랑이 이렇게 아플 수 있냐면서

세상 끝날 것처럼

귓불이 뜨거워질 때까지 울고는

지금 당장 나와줄 수 있냐고

팔딱이는 그 마음을

그대로 내보여도

부끄럽지 않았던

그때 그 시절을

기억하고

추억할 수 있다는 것만으로도

나는 참 운이 좋은 사람

봄의 온도를 당신에게

빼꼼, 얼굴을 내밀며 인사하는
새싹의 반가움을 당신에게 전할래요

산들산들, 두 볼을 스치는
봄바람의 따스함을 당신에게 전할래요

촉촉, 지난날의 시련을 깨끗이 씻어줄
봄비를 당신에게 전할래요

두근두근, 시작하는 연인들의 손깍지의
설렘을 당신에게 전할래요

꾹꾹 눌러 담은 봄의 온도를 당신에게 전할 테니
마주하는 매일 오늘 하루가
찬란한 봄과 같기를

늘 당신 주위를 맴돌며
봄의 온도를 전할래요

수화기 너머 사랑

그냥 생각이 났다며
아무런 말을 빙빙 돌려 해본 적

초여름 밤바람에 실려 온 목소리에
마음에서 깃털 소리를 들어본 적

사랑해
그 한마디 오롯이 소리로만 들어본 적

뜨겁게 데워진 볼에 이리저리
수화기를 옮겨본 적

코끝을 꽉 틀어막고
아닌 척 아닌 척해본 적

그리운 목소리에
아무런 응답도 하지 못한 적

저마다의
수화기 너머 사랑

그날의 이야기

전하지 못한 이야기가 있어

끝내 마침표를
찍어내지 못한 이야기

그땐 어떻게든
까만 점을 찍고 싶었는데
쉼표에,
말 줄임표에…
'작은따옴표'까지
덕지덕지 붙어버린 이야기를
매듭짓고 싶었는데

이제 와 생각하니
미완성의 이야기도
그럴싸한 것 같아

풀어내지 못한
기억 속의 이야기는
복숭아를 닮아서
보드라운 솜털로

마음을 간지럽게 하거든

, ... "
        , ... "

나만 알고 나만 기억하는
그날의 이야기

미완성이어서 더 완벽한
그날의 이야기

읽을 수 없는 시

왜 시를 보내지 않느냐고
물었더니

글쎄 찾아봐야겠다는
말만 되풀이할 뿐

아부지는 그 후로도
통 연락이 없었다

그런 그에게
왜 시를 보내지 않느냐고
또 한 번 물으려다
그만두기로 했다

낡은 창문에 쌓인
묵은 때를
박박 닦아낼
자신이 없어서

쩍쩍 갈라져
테이프로 간신히 붙여둔

가냘픈 유리창을
모른 척할 수
없을 것 같아서

우물에 빠진
개구리처럼
두서없이
마음만 폴짝였다

한동안은
그에게 시를
묻지 않기로 했다

엄마의 시간

하루건너 통화해 놓구선
잘 있었냐고 당신은
삼삼하게 말했지요

목소리만으로도
내 하루를
후루룩 읽어내는
당신의 무릎에서
까무룩
잠들고 싶은 밤입니다

코끝에서
당신을 닮은
꽃잎 냄새가 나면
눈가엔
방울방울
이슬비가 내릴 테지요

하루건너 통화해 놓구선
잘 있었냐고 당신은

그 언젠가
아른하게 말했지요

천천히 자라다오
천천히 자라다오

당신의 시간은
언제나 나보다
느리게 흐른다는 걸

더 사랑하는 쪽이
언제나 시곗바늘을
오래 붙잡고 산다는 걸

알아차리기까지

이렇게나
오랜 시간이 걸렸습니다

*제9회 전국 여성 문학 공모 대전 최우수상 수상작

돌아오는 십오 일

당신은 젊었고
나는 어렸던 걸로 기억합니다

종종 그 생각에 머무릅니다

두 손 꼭 붙잡고
지그시 지그시

그때 너무 감사했다고
그 도움이 있어 이렇게 잘살고 있다고

두 손 꼭 붙들고
지그시 지그시

뜨거운 그 땀방울을 잊지 않았다고
내 평온한 일상은 당신 덕분이라고

당신은 젊지 않고
나는 어리지 않지만 여전히 기억합니다

돌아오는 오월 십오 일에는
생각에만 그치지 않으렵니다

너와의 거리

멀어서 가깝고
가까워서 먼 사람들이
하늘에 센티를 만들어 줄지어 서 있어

만약 네가 나에게 거리를 둔다면
나는 네가 정해놓은 그만큼의 거리에 서 있을 거야
가깝지 않은, 그래 조금은 먼 거리에서

아침을 지키는 해, 밤을 지키는 달,
지구 주위에 둘러싼 수많은 행성처럼
너를 둘러싼 수많은 사람들이
각자의 자리에서 자기 몫을 다하며
너를 지키고 있다는 걸 잊지 마

세상이 칠흑같이 어둡게만 느껴질 때
아무나 붙잡고 넋두리든 뭐든
네 이야기가 하고 싶어질 때

그럴 때 찾아와

이런 나라도 너에게 위로가 된다면 말이야

열 한자리

열 한자리에 은밀한
마음이 담겨있어

열 한자리를
주고받는 것만으로도
전보다 확연히 다른
사이가 된 것 같으니까

그러니
열 한자리를
기억해달라는 말은

나를 잊지 말라는 말
나를 조금 더
생각해달라는 말

어쩌면
나를 사랑해달라는 말

새빨간 거짓말

내 이름이 궁금해서
전화번호를 물었다면서
새초롬하게 굴어 놓구선

그 자리에 빨간 마음 세 개
가지런히 놓았더랬지

그렇게 한참을
내 이름 대신
네 마음으로

부르고
기억하고
써 내려갔더랬지

내 이름이 궁금해서
전화번호를 물었다면서

너는 내 이름을
단 한 번도
제대로 부르지 않았더랬지

LOVE POEM

전화번호를 알아버린 날과
그 이전의 날은
완전히 다른 날인 거야

사랑을 알아버린 나와
그 이전의 내가
완전히 다른 것처럼

시를 알아버린 날과
그 이전의 날은
완전히 다른 날인 거야

심상心想을 알아버린 나와
그 이전의 내가
완전히 다른 것처럼

시처럼 네가 왔고
네가 와서 시가 됐으니

사랑은
시를 닮았고

시에는
사랑이 담겨있어

보고 싶을 때 전화해

보고 싶을 때
전화해

그럼 나는

하릴없고
실없는
이야기를 죽
늘어뜨리고

너는 계속
헤헤거렸지

그럼 나는

맥락 없고
무늬 없는
말들을 죽
늘어뜨리고

너는 계속

실실거렸지

그럼 나는
너는 계속

그럼 나는
너는 계속

사랑해
한마디 없는
어이없는
말로
그럼 우린 계속
사랑을 말할 수 있었지

모스부호

이상하다
난 분명 너에게
전화를 걸었는데

뚜 뚜 뚜 뚜
뚜 뚜우 뚜뚜 뚜
뚜뚜 뚜우 뚜우

너를 향한 내 마음이
시도 때도 없이

모스부호를 만들어

뒷모습을 보여주지 않던 사람

수화기를
더 오래 붙들고 있는
사람은

항상 너였다

다른 생각을 품을까 봐
항상 너는
뒷모습을 보여주지 않았다

언제나
어디서든
왜인지

사랑을 말했고
자신이 있었고
모든 걸 알았다

그런 너의
뒷모습에도 관심을 둘걸
네 모자람을 헤아려 줄걸

새까만 눈에
너의 뒷모습을
담지 못한 나는

사랑을 잃었고
자신을 놓았고
모든 걸 놓쳤다

수화기를
더 오래 붙들고 있는
사람은

어느새 내가 되었다

발신번호표시 제한 금지

여보세요
여보세요
여보세요

아무 말도 안 했는데

들은 기분
들킨 기분

잘 지내…
잘 지내?
잘 지내!

아무 말도 안 했는데

들은 기분
들킨 기분

그러니까
발신번호표시 제한 금지는 금지

새벽 통화가 남긴 것

진동하는 푸른 빛을
귀에 가져다 대었을 때

오랜만이야
잘 지내지

익숙한 목소리에서
저릿한 냄새가 났다

무응답이 일반적인 답이라며
뚝 잘라내야 할 것을

구태여 긴긴밤
같은 시간을 공유했다

미련한 마음 하나
미안한 마음 둘
미운 마음 셋

집을 잃어버린 그 마음들은
먼지가 되어

가로등 불빛 아래서
갈피를 잡지 못하고
방황하고 비틀거린다

신기루처럼 사라질 이야기를
가만히 듣고
여전히 기억하는 건

밝은 얼굴을 무기로 삼아
앓고 또 앓았던 지난날에 대한

사적인 위로이자
이기적인 공치사

안 읽음 표시

싸늘하게 식어버린
떡을 삼키듯

그 마음을
꿀떡꿀떡 삼켜냈다

듣지 못했는데
답을 알 것 같아서

가만히 자리한
애꿎은 전화기에
화풀이를 내내 했다

3부

그의 마음

들꽃을 화분에 옮겨 심는 건
흔한 것에도 마음이 쓰이기
때문이겠지

그 마음이 온전하면 좋으련만

노긋한 곳이 낯선
들꽃은 바싹 마른 잎으로

그 마음에 찬물을 끼얹는다

호의가 호의로 돌아오지 않더라도
호의에 저의가 짙게 깔려있더라도

그 마음만은 사는 내내 푸르길
그런 당신이면 좋겠다고

그의 마음을 뭉근하게
보살피고 싶어 흰 종이를 꺼냈다

슈퍼 페이지

동작구 사는
김경아 씨는 8번으로

은평구 사는
장현상 씨는 3번으로

강북구는 사는
박인수 씨 9번으로

구리시 사는
강희옥 씨는 5번으로

성남시 사는
이수철 씨는 7번으로

다른 듯 같은 모습으로
은은하게 살아있었다

잘 지내는지요
성한 곳은 없는지요
사는 동안 평안한지요

벽돌 같은 책을
후루룩 펼치면

포슬포슬
사근사근
보송보송

세상 모든 다정한 말을
다 붙여도 아쉬울 만큼

사람 냄새가
진동하던 시절이 있었다

동묘에서

그곳에 가면
모두가 주인이 있었다

잔꽃무늬 원피스도
줄무늬 티셔츠도
오래된 공중전화기도
8살 된 탄이도
빛바랜 레코드판도
연식 있는 두발 자전거도

제각기 주인이 있었다

그리움을 무기로
애틋함을 더하니
버릴 것 하나 없는

온통 아름다운 세상이 있었다

오래된 이야기

전하지 못한 뒷이야기에 대해 생각해본 적 있어
왈칵 달려가 와르르 쏟아내고 싶어도
그러지 못하는 이야기들 말이야

뒷모습을 본다는 건
내밀한 이야기를 듣는 것과도 같은 것

나는 차마 네게 그 뒷모습을 꺼낼 수가 없었어
마음 가깝게 너를 두고도 나는 그러지 못했어

그저 하릴없이
뭉게뭉게 피어나는
너와의 일들만 곱씹을 뿐

한참을 그러고 있으면
멀게만 느껴져서
울어버릴 줄 알았는데
추억에서 고소한 향기가 나더라

그 향기에 잠시 취해
네게 전하고 싶었던 이야기를

싹 다 까먹어 버렸어

너를 떠올리다가 추억에 방울방울 잠겨
아른거리는 눈가를 훔치기도 잠시

뒷이야기를 덮어 두기로
뒷모습을 모른 척하기로 했어

너라면 그래도 될 것 같아서
그래도 괜찮을 것 같아서

오래전부터 켜켜이 쌓아온 믿음이
우리 마음에 차곡히 포개져 있었던 걸
그제야 알아버린 거야

자전거를 타다가

제 발이 아니면
어디에도 가지 못하는 이는
맑은 사람이라고 했다

어린아이 같은 면모를
지니고 있는 사람이라고 했다

제 발이 아닌
다른 발에 몸을 맡기고
어디든 갈 수 있는 사람이
진짜 어른인 것 같다고

맑은 이는 초록의 싱그러움을
담아 말했다

그 말 뒷면에선 아린 맛이 났다
그 말 뒷면에선 싸한 맛이 났다

그 맛을 알아주는 이 있다면
홀로 핀 여린 꽃을 발견하는 이 있다면

맑은 이는 곧장 바스라질지도
초록구슬을 하염없이 쏟아낼지도 몰랐다

연약하고 붉은 살갗에
맑은 이의 눈은 감기고
이내 어린아이의 설움이 비쳤다

초록에게

마지막 껍데기를 몸에 이고서 누구에게 전화를 거는가
수화기 꼭 붙들고 어떤 이야기를 늘어놓는가
노란색과 파란색 사이 초록의 물결은 왜 더럽혀졌는가

어둠 끝에 서 있는 이에게
때론 그런 물음이 필요하다고
몰이보다 더 무서운 건 잊혀지는 것
관심 밖의 일이 되는 것이라고

초록은 어디에나 있고 어디에도 없었다

8282 Call me Tell me

10초 동안 목소리를 들려줄 테니
살릴지 죽일지 결정해보라는 건
퍽 잔인한 일이기에
언제나 나는 살리는 쪽을 택했다

살려두면 타들어 가는 건 이편이지만
그 마음은 저편도 마찬가지라서
언제나 나는 살리는 쪽을 택했다

이편도 빠듯하지만
빠듯하긴 저편도 마찬가지라서
언제나 나는 살리는 쪽을 택했다

흙먼지 묻은 저편의 까만 손이 아른거려
언제나 나는 살리는 쪽을 택했다

구간 5초

밤하늘의 별을 따서 너에게 줄게°

매일 조금씩 보여 줄게 내일 조금 더 친해질 거야°°

쉼 없이 불어오는 바람 펼쳐진 하늘과 설레는 향기도°°°

구간 5초를 들으면
생각나는 사람들

오래 찾는
아끼고 아끼던 사람들

°양정승, 〈밤하늘의 별을〉, 2010
°°심상원, 〈day by day〉, 1999
°°°권순관, 〈나의 봄(feat. CHEEZE)〉, 2018

울리지 않는 전화기

말하지 않아도
알 수 있는 것들이 있다

울리지 않는 전화기를 붙잡고

나는 꽤 오랜 시간을 통화했다

회색 낯빛으로
적당히 좋은 말을 해주면
나는 연신
끄덕이는 수밖에

뜨겁게 달궈진 불빛 아래서
눈꼬리에 작은 물길을
내는 수밖에

움츠러든 어깨를
양팔로 감싸 안고
이 또한 지나간다며
토닥이는 수밖에

쓱쓱 흙먼지를 털어가며
다시 일어서는 수밖에

그렇게 한참을 뜨거워진
수화기를 손에서 놓지 못했다

향수

종일 그곳을 떠올린다

정다운 친구들의 웃음소리가
방울방울 눈가에 맺혀오는 곳

꾹꾹 눌러쓴 종이에서 나는
우글우글 낙엽 부서지는 소리가
마치 한 소녀의 절박한 이야기로 들려오는 곳

바람결에 흔들리는 나뭇잎 소리가
그래도 희망이란 걸 붙들어 매던
누군가의 간절한 삶처럼 느껴지는 곳

살아온 날들에
사는 날들에
살아갈 날들에

이유를 붙이곤 발걸음을 내디딘다

걸음마다 피어나는 눅진한 향기는
또 다른 삶의 이유들을 만들어 낼 테고

나는 그걸 감히

향수라 부르고 싶다

070 납치 사건

도와줄게 다롱아 집이 어디니 물어도 다롱이 너는 아무 말도 하지 않았지 이를 어째 우선 안아주는 수밖에 앙상하게 말라 칩도 집도 절도 없는 다롱이를 안아 들어 목을 축이고 배를 채웠지 이 아이를 어째 불쌍한 이 아이를 어쩌할 수 없어 070을 눌렀지 그제야 다롱이 네가 깽깽 울기 시작했지 바구니 든 사나이가 오면 너를 구해줄 거야 어르고 달래도 너는 깽깽 울어댔지 다롱아 그 사나이 나쁜 사람 아니야 아무리 달래도 다롱이 너는 계속 깽깽 울어댔지

동네 사람들 혹시 다롱이를 아시나요
동네 사람들 혹시 다롱이집을 아시나요

지푸라기를 잡고 헐떡였는데 글쎄

다롱이 집이 있었지 뭐야 다롱이 주인이 있었지 뭐야 마침내 땀 범벅이 주인을 만난 다롱이 너는 어째 더 크게 깽깽 울어댔지 다롱이 주인이 사례라며 건네준 오렌지 주스를 어째 나는 마실 수가 없었지 디게디게 시게 느껴져서 어째 단 한 모금도 마실 수가 없었지

날은 덥고 해는 쨍쨍해서 어째 깽깽 울고 싶은 생각만 들었지

녹음_109 1004_mp4

다른 마음이어서
미안해 백구야

하얀 털 살랑이며
다가오는 마음을
나 어쩌면 외면하고 싶었나 봐
좋으면서도 밀어내고 싶었나 봐

두 번째 마음이어서
미안해 백구야

기꺼이 펴봤던
기지개 속 마음을
나 어쩌면 모른 척하고 싶었나 봐
맞으면서도 아닌 척하고 싶었나 봐

그래도 내 옆에 있어 줄래
내 이야기를 들어줄래

염치없이 널 좋아해서
마음을 아껴가며 널 좋아해서

미안하다는 글자가 사랑한다는 글자보다
늘 앞선 마음이어서

미안해 사랑해

일곱 시에서 아홉 시 사이

일곱 시 이전엔
이르거나
오종종하진 않을까
망설이게 돼

아홉 시 이후엔
오종종하거나
늦진 않을까
망설이게 돼

그래서 나는 항상
그 시간을 택했던 거야

어떤 시각에서
어떤 시각 사이를 머무르는
그 시간에 대해 생각했던 거야

아직은
조금 먼 너와 나의 사이

말하자면 우리는
일곱 시에서 아홉 시 사이

좋은 사람 감별법

통화할 때 웃어보세요

같이 웃어준다면

친절한 사람
다정한 사람

말하자면

가까이해도
괜찮은 사람입니다

대단한 사람

텁텁한 얼굴로
인사를 건넨 건

그쪽을 진심으로
존경하거나
이해해서라기보다는

내 쪽 마음이 편하기
위함이었다고

그쪽과 상관없이
내 쪽은 도의를 아는
사람이라 그렇다고

말쑥한 그쪽 얼굴에
기름진 웃음을
더하면서도

한 점도
부끄럽지 않았다면

그쪽이 아니라
내 쪽이
대단한 사람이겠지

자줏빛 꽃 한 송이

질서에 대해 생각한다 사람이라면 응당 지켜야 하는 것들에 대해 어떤 이유로도 타인을 헤치는 말과 행동은 삼가야 한다는 것들에 대해 생각한다

무질서한 세계에서 그 생각을 지켜내는 일이 쉬운 일만은 아니라서 그르치고 흘려버리고 놓쳐버리기 일쑤지만 의식하고 생각해내고 지켜내려는 마음들이 촘촘히 모이면 그 자리에 오롯한 꽃 한 송이가 피기에 자꾸만 자꾸만 질서에 대해 생각한다

무례함에 쉬이 꺾이지 않으면서도 이르게 고개를 숙일 줄 아는 자줏빛 꽃 한 송이는 양심을 머금고 인내로 자라 이윽고 어른이 되고

마침내 어른이 된다

전화 에티켓

마음의 뒷면을
보일 때는

목소리만을
앞세우지 않기로 해요

말간 눈을
푸석한 얼굴을
확실히 보여주기로 해요

실은 내가 좋아해
실은 내가 미안해

그 장면이
몇 가닥씩 삐져나오는 머리칼처럼
느껴지더라도

시간을 내주기로 해요

사회생활

지금은 전화를 받을 수 없으니…
……통화료가 부과됩니다

이 한 문장을 완벽하게
기억해내지 못하는 것

맞춤형 페이지스

다이어리에
이름을 새기는 마음

좋아하는
무늬 세 개
뒷면에 까맣게
새기는 마음

이유 없이
별 뜻 없이

잘해주고 싶은 마음

그 마음에 대해
한동안 생각하다

어렴풋하게 알아차렸다

격려 호의 인정 응원

빈 페이지에 담긴

몇몇의 단어들이

명랑하게 내 마음에 각인되었다

너울너울 비치는
그 마음에
으쓱해져서는

어쩐지 세상이 오밀조밀
앙증맞게 느껴져서는

까만 종이 위에
다음 할 일을 적었다

문장부호

잘 안다고 생각했는데

수화기 너머 들리는 첫 따옴표에서

통화 중 찾아온 쉼표에서

이르게 마중 나온 통화 끝 마침표에서

낯섦을 느꼈다

부재중 통화

음성 사서함으로
넘어가기 직전에서야
마음을 알아차렸다

음성 사서함으로
넘어가기 직전

음성 사서함으로
넘어가기 직전

음성 사서함으로
넘어가기 직전

안달이 난 채

음성 사서함으로
넘어가기 직전으로
끝도 없이
한참을 내달렸다

별것 없을 안부가

까랑까랑한 목소리가
마구잡이 쏟아내는 이야기가

듣고 싶어서

끝도 없이
한참을 내달렸다

별표를 누르세요

1번을 꾸욱 누르면 너를 가장 아끼는 사람이 반짝이며 나타나 구해줄 거라고 그 옛날에 나는 너에게 항상 1번이 되고 싶었어 네가 힘들고 지칠 때 가장 먼저 찾는 사람이 나였으면 했거든 네가 그 1번을 누르는 날엔 언제든 달려갈 거라고 확신했었지 변함없이 너의 1번을 지켜낼 거라고 욕심부렸지

네가 1번을 누르기까지의 마음이라든가
내가 1번이 되어서는 안 된다는 것들을
알아차리기까지 조금 시간이 걸렸던 거야

이제는 조금 알아 1번 말고
2번 3번 4번 5번의 의미를
밤하늘에 수놓아진 별 중
유난히 반짝이는 단 하나의 별만큼
은은하게 오래가는 잔별들도 소중하다는 걸

살다 보면 1번 대신
별표를 꾸욱 눌러야 할 때도 있겠지

그땐 나를 눌러 줄래

그럼 나는 너무 늦지 않게

네 목소리를 들으러 갈게

새벽에 전화해도 되나요

초판 1쇄 인쇄	2025년 7월 16일
초판 1쇄 발행	2025년 8월 1일

지은이	송세아
펴낸이	이장우
책임편집	송세아
디자인	theambitious factory
제작	김소은
관리	김한다 한주연
인쇄	KUMBI PNP
펴낸곳	도서출판 꿈공장플러스
출판등록	제 406-2017-000160호
주소	서울시 성북구 보국문로 16가길 43-20 꿈공장 1층
이메일	ceo@dreambooks.kr
홈페이지	www.dreambooks.kr
인스타그램	@dreambooks.ceo
전화번호	02-6012-2734
팩스	031-624-4527

이 도서의 판권은 저자와 꿈공장플러스에 있습니다.
이 책은 저작권법에 의해 보호받는 저작물이므로 무단전재와 무단복제를 금합니다.

꿈공장플러스 출판사는 모든 작가님의 꿈을 응원합니다.

ISBN	979-11-993697-7-1
정가	13,000원